《汉语风》中文分级系列读物
Chinese Breeze Graded Reader S

主编 刘月华 储诚志

huà pí

画皮

The Painted Skin

改编 谢勤

Yuehua Liu and Chengzhi Chu

with Qin Xie

北京大学出版社
PEKING UNIVERSITY PRESS

图书在版编目(CIP)数据

画皮 / 刘月华, 储诚志主编. —北京: 北京大学出版社, 2013.1
(《汉语风》中文分级系列读物. 第3级: 750词级)
ISBN 978-7-301-20886-1

Ⅰ. 画… Ⅱ. ① 刘… ② 储… Ⅲ. 汉语 – 阅读教学 – 对外汉语教学 – 自学参考资料 Ⅳ. H195.4

中国版本图书馆CIP数据核字(2012)第139800号

书　　　　名:	画皮
著作责任者:	刘月华　储诚志　主编
	谢　勤　改编
	王萍丽　练习编写
责 任 编 辑:	李　凌
插 图 绘 制:	杨　柳
标 准 书 号:	ISBN 978-7-301-20886-1/H·3098
出 版 发 行:	北京大学出版社
地　　　　址:	北京市海淀区成府路205号　　100871
网　　　　址:	http://www.pup.cn　　新浪官方微博:@北京大学出版社
电 子 信 箱:	zpup@pup.pku.edu.cn
电　　　　话:	邮购部 62752015　发行部 62750672
	编辑部 62753027　出版部 62754962
印 　刷 　者:	北京大学印刷厂
经 　销 　者:	新华书店
	850 毫米×1168 毫米　32 开本　3.125 印张　37 千字
	2013 年 1 月第 1 版　2013 年 1 月第 1 次印刷
定　　　　价:	16.00元(含1张录音CD)

目　录
Contents

刘月华

毕业于北京大学中文系。原为北京语言学院教授，1989年赴美，先后在卫斯理学院、麻省理工学院、哈佛大学教授中文。主要从事现代汉语语法，特别是对外汉语教学语法研究。近年编写了多部对外汉语教材。主要著作有《实用现代汉语语法》(合作)、《趋向补语通释》、《汉语语法论集》等，对外汉语教材有《中文听说读写》(主编)、《走进中国百姓生活——中高级汉语视听说教程》(合作)等。

储诚志

夏威夷大学博士，加州大学戴维斯分校中文部主任，语言学硕博士研究生导师，加州中文教师协会会长，全美中文教师学会常务理事，L2 Journal、《国际汉语教育》、《汉语世界》等期刊编委。曾任CET-北京暑期项目主任，在斯坦福大学、北京语言大学等校执教多年。

谢 勤

长期任职于大型国企计算机信息管理部门，高级工程师。爱好语言学及文学，业余从事文学创作，经常在报刊发表散文、随笔及杂记等。

Yuehua Liu

A graduate of the Chinese Department of Peking University, Yuehua Liu was Professor in Chinese at the Beijing Language and Culture University. In 1989, she continued her professional career in the United States and had taught Chinese at Wellesley College, MIT, and Harvard University for many years. Her research concentrated on modern Chinese grammar, especially grammar for teaching Chinese as a foreign language. Her major publications include *Practical Modern Chinese Grammar* (co-author), *Comprehensive Studies of Chinese Directional Complements*, and *Writings on Chinese Grammar* as well as the Chinese textbook series *Integrated Chinese* (chief editor) and the audio-video textbook set *Learning Advanced Colloquial Chinese from TV* (co-author).

Chengzhi Chu

Ph. D, University of Hawaii. Chu is Associate Professor and Coordinator of the Chinese Language Program at the University of California, Davis, where he also serves as a member of the Graduate Faculty Group of Linguistics. He is the President of the Chinese Language Teachers Association of California, and a board member of the Chinese Language Teachers Association (USA). He taught at Stanford University and Beijing Language and Culture University for many years, and worked as Director of the CET-Beijing Summer Program.

Qin Xie

Qin Xie is a senior engineer of computer information management of a large enterprise in China and a diligent part-time essayist. She has frequently produced creative writings for newspapers and magazines.

前　言

　　学一种语言,只凭一套教科书,只靠课堂的时间,是远远不够的。因为记忆会不断地经受时间的冲刷,学过的会不断地遗忘。学外语的人,不是经常会因为记不住生词而苦恼吗?一个词学过了,很快就忘了,下次遇到了,只好查词典,这时你才知道已经学过。可是不久,你又遇到这个词,好像又是初次见面,你只好再查词典。查过之后,你会怨自己:脑子怎么这么差,这个词怎么老也记不住! 其实,并不是你的脑子差,而是学过的东西时间久了,在你的脑子中变成了沉睡的记忆,要想不忘,就需要经常唤醒它,激活它。《汉语风》分级读物,就是为此而编写的。

　　为了"激活记忆",学外语的人都有自己的一套办法。比如有的人做生词卡,有的人做生词本,经常翻看复习。还有肯下苦工夫的人,干脆背词典,从A部第一个词背到Z部最后一个词。这种精神也许可嘉,但是不仅痛苦,效果也不一定理想。《汉语风》分级读物,是专业作家专门为《汉语风》写作的,每一本读物不仅涵盖相应等级的全部词汇、语法现象,而且故事有趣,情节吸引人。它使你在享受阅读愉悦的同时,轻松地达到了温故知新的目的。如果你在学习汉语的过程中,经常以《汉语风》为伴,相信你不仅不会为忘记学过的词汇、语法而烦恼,还会逐渐培养出汉语语感,使汉语在你的头脑中牢牢生根。

　　《汉语风》的部分读物出版前曾在华盛顿大学(西雅图)、Vanderbilt大学和戴维斯加州大学的六十多位学生中试用。感谢这三所大学的毕念平老师、刘宪民老师和魏苹老师的热心组织和学生们的积极参与。夏威夷大学的姚道中教授,戴维斯加州大学的李宇以及博士生Ann Kelleher和Nicole Richardson对部分读物的初稿提供了一些很好的编辑意见,在此一并表示感谢。

Foreword

When it comes to learning a foreign language, relying on a set of textbooks or spending time in the classroom is not nearly enough. Memory is eroded by time; you keep forgetting what you have learned. Haven't we all been frustrated by our inability to remember new vocabulary? You learn a word and quickly forget it, so next time when you come across it you have to look it up in a dictionary. Only then do you realize that you used to know it, and you start to blame yourself, "why am I so forgetful?" when in fact, it's not your shaky memory that's at fault, but the fact that unless you review constantly, what you've learned quickly becomes dormant. The *Chinese Breeze* graded series is designed specially to help you remember what you've learned.

Everyone learning a second language has his or her way of jogging his or her memory. For example, some people make index cards or vocabulary notebooks so as to thumb through them frequently. Some simply try to go through dictionaries and try to memorize all the vocabulary items from A to Z. This spirit is laudable, but it is a painful process, and the results are far from sure. *Chinese Breeze* is a series of graded readers purposely written by professional authors. Each reader not only incorporates all the vocabulary and grammar specific to the grade but also contains contains an interesting and absorbing plot. They enable you to refresh and reinforce your knowledge and at the same time have a pleasurable time with the story. If you make *Chinese Breeze* a constant companion in your studies of Chinese, you won't have to worry about forgetting your vocabulary and grammar. You will also develop your feel for the language and root it firmly in your mind.

Thanks are due to Nyan-ping Bi, Xianmin Liu, and Ping Wei for arranging more than sixty students to field-test several of the readers in the *Chinese Breeze* series. Professor Tao-chung Yao at the University of Hawaii. Ms. Yu Li and Ph.D. students Ann Kelleher and Nicole Richardson of UC Davis provided very good editorial suggestions. We thank our colleagues, students, and friends for their support and assistance.

主要人物和地方名称
Main Characters and Main Places

王生 Wáng Shēng

A scholar from a rich family in ancient China

妖怪 yāoguài

Evil ghost

陈氏 Chén shì

Wang Sheng's wife

二郎 èrláng

The younger brother of Wang Sheng

道士 dàoshi

A Taoist priest

疯子 fēngzi

A madman

太原 Tàiyuán: a city in Shanxi province, the present capital city of Shanxi

青帝庙 Qīngdì Miào: the name of a temple

文中所有专有名词下面有下画线，比如：王生

(All the proper nouns in the text are underlined, such as in 王生)

画皮[1]是一个很久很久以前的故事，应该有几百年了吧。几百年前中国是什么样[2]你能想得出吗？那时候没有汽车、火车，也没有电话、电影、电视、电脑什么的[3]……那时候很多中国人不知道除了中国以外，还有美国、英国，更没有听说过什么是外国"留学生"……虽然现在的好多事情、好多东西那时候都没有，但是那时候有妖怪[4]。对，妖怪[4]！你相信不相信？

　　妖怪[4]不是人的世界的东西，可是人们相信妖怪[4]想变成什么样[2]就可以变成什么样[2]，可以变成男人、女人、老人、小孩子或者别的东西。它[5]们常跑到人的世界里，在人的周围活动。它[5]们喜欢人的生活[7]，也想像人那样过日子。但是，妖怪[4]要喝人的血[6]，只有喝人的血[6]才能活[7]着。它[5]们不但喝人的血[6]，而且有时候还要吃人。所

1. 画皮 huàpí: painted skin
2. 什么样 shěnmeyàng: what kind of situations
3. 什么的 shěnmede: and so on
4. 妖怪 yāoguài: evil ghost
5. 它 tā: it
6. 血 xiě: blood
7. 活 huó: live, come to life

以人的世界不欢迎它[5]们！不过，如果妖怪[4]变成人的样子，生活[7]在人中间，一般的人看不出来他们和周围的人有什么不一样。所以，要注意，也许你的旁边就有妖怪[4]！这听起来是不是挺让人紧张的？

　　不过别怕，我们这里讲的是很久很久以前的故事……

1. 放假真好！

　　中国北方有个城市叫太原。从前，太原市有个叫王生的人，他二十多岁。长得高高的，是个健康漂亮的男人，对人也很好。王生家比较有钱[8]，家里有两套房子，一套全家人住，一套让王生念书学习。从很小的时候，他就不用去学校上学[9]，他的父亲母亲给他请了一位有名的老先生当老师，在那个大房子里给他上课，希望他将来[10]能参加国家的考试，以后做个有名的人。

　　开始学习的时候，老师教他写汉字，后来教他中国历史、文化、音乐，还有中国画儿什么的[3]。他读了很多书。王生很喜欢念书，也很爱玩，对什么活动都有兴趣，他不但喜欢运动，还特别喜欢画画儿。可是老师对

8. 有钱 yǒu qián: rich
9. 上学 shàng xué: go to school
10. 将来 jiānglái: future

他的要求一直很高，每天功课很多，不但要做练习，还要复习学过的东西，所以他很少有时间出去和朋友玩。

后来有一年，老师家里有事要回家，不能教他了。老师一走，他也就放假了。虽然父亲要求他每天自己读书[11]学习，但是老师不在，他玩儿的时间就多了。老师回家以后的一年里，从春天到夏天，再从秋天到冬天，除了天气不好，下雨、下雪，或者有大风的时候，只要有空儿，他总是要到外边去玩儿。他觉得，放假真好！

Want to check your understanding of this part?
Go to the questions on page 69.

11. 读书 dú shū: study

2. 一张画儿掉在小河旁边

一个春天的早上，王生起来得很早。那天是个晴天，天气不错，气温也正合适，不高不低，不冷不热。王生吃完早饭，太阳刚出来，他又跑到外边去玩儿。他家附近有一条小河，河的西边是一座小山。他来到小河旁边。小河的水不深，水里有很多鱼游[12]来游[12]去。山上长着很多树和花儿。树绿绿的，花儿有红的、黄的、还有白的，各种各样，非常好看。风轻轻地吹过去，树和花儿也轻轻地动起来，就像要跳舞一样。王生看着这么美的风景，心[13]里非常愉快。他希望自己能像鱼那样在水里游泳，像树和花儿那样跟着风跳舞、玩儿。

他一个人在河旁边又跑又跳，嘴里轻轻地唱着歌儿，高兴得想飞起

12. 游 yóu: swim
13. 心 xīn: heart

来。他真不想回去念书，但是又怕在外边时间太长，父亲知道了会不高兴。怎么办呢？他开始数河旁边的树，他决定数到一百，不，数到一千，不，数到一万就回去。他用手指着河旁边的树，一棵[14]一棵[14]地数着。数着数着，突然，他发现在刚才跑过的地方有一个白颜色的包。是谁的？刚才怎么没有看见？他走过去，拿起包，轻轻打开。

包里有一张画儿，上面画着一个姑娘，那个姑娘的脸转向旁边，虽然看不见脸的正面[15]，但是能想得出

14. 棵 kē: a measure word for trees
15. 正面 zhèngmiàn: facade

来，应该是一张非常漂亮的脸。而且
画儿上的人像真的一样，好像一叫
她，她就能转过头，就能走出来。周
围一直没有人，这么早，是谁把它⁵掉
在这里？他拿着画儿，看了又看。他
非常喜欢这张画儿，喜欢画儿里的那
个姑娘。他想，掉了画儿的人一定很
急，而且，这么好的画儿，要是被风
吹到河里就糟糕了！他一定要在这儿
等着来找画儿的人。从画儿又想到画
画儿的人，要是有机会能认识画画儿
的人，让他教自己，帮助自己提高画
画儿的水平，那多好呀！

　　他在河旁边等着。过了一会儿，
又过了一会儿，他看见小山那边走过
来一个人。那个人走得很急，一边
走，一边往左边看看、往右边看看、
又往小河里边看看，那人的眼睛一直
转来转去，好像是在找什么东西。是
找这张画儿的吧？那人越来越近了，
他发现那是一个女人。那个女人长得
高高的，衣服穿得很合适，黄绿色的
衬衫，白色的裙子¹⁶，头上戴着红

16. 裙子 qúnzi: skirt

花，手里拿着一个黑包，可能不到二十岁，长得很美，走路的样子也很美。她急急地走过来，走到王生旁边的时候，王生看清楚了她的脸。她大

5　概只有十五六岁，还是个小姑娘，长得漂亮极了。眼睛黑黑的、大大的，脸白白的，还有点红，像苹果的颜色，嘴红红的，非常可爱。从上到下，从前到后，哪儿看起来都很舒

10　服。但是她好像有点不快乐的样子，她向王生看了看，没说话就走了过去。

　　王生看着这个姑娘，马上就喜欢上她了。他把画儿的事忘了，他的眼睛一直跟着她，看着她从自己旁边经

15　过，走到一个路口，往右拐了过去。王生这才像想起什么，很快地跟了过去。他拿着画儿对这姑娘说："喂，这位小姐，请问您是找这个吗？是您的吧？"那姑娘停下来，看了看王生，接

20　过画儿，说："是啊，我正找它⁵呢，谢谢你。"

　　她对王生笑了笑。这一笑，让王生有点不知道东南西北了。他的眼睛变得圆圆大大的，他一直看着她想：

世界上怎么会有这样美的女孩？可是，还没等<u>王生</u>看够，那姑娘已经走了。<u>王生</u>真不希望她这么快就走了，他想，他怎么也该和那女孩聊几句呀！但他没办法不让她走，只好慢慢走回小河旁边，心¹³里像少了点什么。

　　过了一会儿，他突然听见¹⁷有人大叫："来人呀，来人呀，快来帮帮我！"<u>王生</u>跑过去，看见一条大黑狗正对着刚才那个姑娘大叫，姑娘一边看着狗，一边往后走，可是她已经走到

17. 听见 tīngjiàn: hear

河的旁边了，再走就要掉到河里了。狗一直不停地对着姑娘叫，她怕极了，手里拿的那张画儿掉到地上，又被风吹到了水里。<u>王生</u>跑过去，很快把那条狗打跑了。然后又跳下河，把画儿拿了上来，还给姑娘。画儿上已经有了点儿水。姑娘把画儿收好，对<u>王生</u>说："真是太谢谢你了！""不客气，应该的。"<u>王生</u>对她说。

　　他觉得这个女孩和画儿里的姑娘很像。"你那张画儿画得太好了，谁画的？"<u>王生</u>想找话跟女孩聊聊。"对不起，我没有时间了，得快点走。谢谢你帮了我，你那么喜欢这张画儿，就送给你做礼物吧！"姑娘急着要走。<u>王生</u>没想到她会把画儿送给自己，他觉得这个姑娘一定不是一般的人。

Want to check your understanding of this part?
Go to the questions on page 69.

3. 漂亮的姑娘要去哪儿?

　　她从哪里来，要到哪里去? 为什么急着走? 对这个姑娘，<u>王生</u>有太多的问题想知道，他太想跟她多聊几句。他怕姑娘走了就没有机会了，忙问:"请问，您要去哪儿? 为什么只有您一个人?"姑娘看了看他，没说话，但她的眼睛就像在对他说:你是谁? 为什么问这么多? 女孩继续往前走。<u>王生</u>想，她不知道我是什么人，有点怕吧? 他就又对女孩说:"介绍一下，我姓<u>王</u>，就住在城内，是个读书[11]的人。您一个人这么急，能告诉我要去哪儿吗? 也许我可以帮你呢。"

　　姑娘说:"我的事很急，是一件很不愉快的事，你就别多问了。谢谢你。"

　　<u>王生</u>听她这么一说，更想知道她的情况了，他问:"有什么不愉快的事，你说说吧，说出来，我一定帮

你。"那女孩停下来，看了看他，觉得他的样子很认真，刚才又帮了自己，不像是坏人。女孩说："我是有很难的事呀。""别怕，相信我，我会帮你

5　的。"

姑娘这时才开始说起来："我家里没什么钱，但我爸爸妈妈非常爱钱，他们把钱看得比什么都重。去年秋天，他们把我卖给一个有钱[8]人家[18]，

10　我不愿意。爸爸妈妈说：这个有钱[8]人的家里有很多房子，有的还是几层的楼，楼上和楼下都有房间，每座房子

18. 人家 rénjiā: family

里都有客厅、卧室、厨房和厕所，他们家用的、吃的都是很贵的东西，我们以前都没看见过。去他们家，生活一定会很快乐。"那你去他们家了吗？"王生问。"我不愿意去。可是有什么办法呢？我知道我父母的日子很难，需要钱。"

姑娘停了一下，看了看王生，发现王生听得很有兴趣，就继续讲下去："有钱[8]人把我买去，说是让我当小老婆[19]，结果是把我当打工的，让我做很多事情。买菜、做饭、洗衣服、收拾[20]房间，这是每天要做的事。除了这些，他家在市里开了一个商店，一有空儿，就让我搬很重的东西，装到车上，往商店里送。下雨天、风雪天都不能停。每天从早上起床，一直到晚上躺到床上，一会儿都不让休息。就这样他家的大老婆[21]还不高兴，差不多每天都找我麻烦，有的时候还对我又踢又打。吃饭怕我吃得多，做事怕我做得少，睡觉怕我睡

19. 小老婆 xiǎo lǎopo: concubine
20. 收拾 shōushi: clean up
21. 大老婆 dà lǎopo: (first) wife

得早，起床怕我起得晚。早饭、午饭、晚饭都不让我吃饱，我常常是又饿又累，连生病了也不让我休息，更不让我看医生。上个月我感冒发烧，头很疼，还咳嗽，病得起不来。他们不但不给我找大夫、吃药，还让我往车上搬东西，送到商店去。要是还留在他家，我真的是要死了。所以病刚好一点儿，我就在他们没注意的时候跑出来了。"

　　王生没想到这么漂亮的姑娘吃了那么多的苦，觉得心[13]很疼，也更喜欢她了。他决定，自己一定要为她做点什么。他问："那你现在去哪儿，以后有什么打算[22]?"

　　"我也不知道，只想离他们远一点儿，去一个安静的地方，越远越好，让那个有钱[8]人永远[23]也找不到我。"

　　"你连去哪里都不知道，这怎么行呀!"王生急了。他眼睛转了转，说："我家离这儿不远，你先到我家去住吧，怎么样?"那姑娘想了想，说："那太麻烦你了。你家几口人?"王生

---

22. 打算 dǎsuàn: plan
23. 永远 yǒngyuǎn: forever

听姑娘这么一说，特别高兴，因为她
有想去他家的意思了。他马上接着
说："我家的人不少，可是我没有姐姐
和妹妹，也没有哥哥，你做我的妹妹
吧，就把我当你哥哥，我来照顾你，
你愿意吗?"

　　还没等姑娘回答，<u>王生</u>又说："跟
我走吧，我的妹妹! 欢迎你回家来。"

　　姑娘大概也没有别的合适的地方
去，她想了想，说："那好吧!"这么
漂亮的女孩子愿意跟自己回家，<u>王生</u>
高兴极了，忙接过她的包，带她去自
己家了。

5

10

Want to check your understanding of this part?
Go to the questions on page 70.

4. 王生快乐得忘了家人[24]

<u>王生</u>带着漂亮姑娘来到他读书[11]学习的那个房子，走进了一个房间。房间的中间摆着一张很大很新的桌子，桌子上放着几本书，还有词典、写字用的纸和笔，墙[25]上挂着几张画儿，画的边上[26]都写着一些字。

5

---

24. 家人 jiārén: family members
25. 墙 qiáng: wall
26. 边上 biānshang: on the side of

姑娘很认真地看着墙²⁵上的画儿和字，说：“这些画儿画得真棒啊！字写得也不错，这里边哪个是你画的？哪个是你写的呀？”“怎么，你懂得字和画儿？喜欢吗？”姑娘笑了笑，没回答。她向周围看了看，可是房间里没有别的人。姑娘问：“你家里的人呢？”王生说：“家里人不住这儿，他们住在另外一套房子里。这套房子是我学习用的。”“另外一套房子？你家里都有什么人？”“爷爷、奶奶、爸爸、妈妈、弟弟，还有我老婆²⁷。”

“你老婆²⁷？你已经有老婆²⁷了？”姑娘的眼睛一下变圆变大了。“是的，是小时候²⁸家里给找的。“那……她很漂亮吧？”姑娘又轻轻地问了一句，有点不好意思的样子。“长得还不错吧，不过……”“不过什么？”姑娘这次问得比较急。“不过没有你漂亮，比你差多了。她也不认识字，就会做点家里的小事，像洗衣服、做饭、收拾²⁰房间、照顾老人什么的³。”“她对你怎么样？”“对我挺好，就是对

27. 老婆 lǎopo: wife
28. 小时候 xiǎoshíhou: childhood; when one was a child

读书[11]对玩儿都没什么兴趣。见了面她总是问我'冷不冷，吃得好不好'，要不然就是说'要锻炼身体，注意健康，要多活动'什么的[3]，真没有意思，我都听够了……"王生红着脸说。

"有人心疼你还不好？"姑娘笑着说。

这个房子除了王生读书[11]的房间，还有一个客厅、两个卧室，另外还有一个厨房，生活很方便。王生的老师没回家的时候，住这里的一个卧室。王生有时候学习忙，不回父母和他老婆[26]的那个房子，就住在另外的那个卧室。王生的老婆有时候也过来帮助他们收拾[20]房间。王生带着这姑娘到别的房间参观了一下，在他的卧室，王生拿出两套他老婆放在这里的衣服，还有一些用的东西，给了这姑娘，说："就把这儿当你的家，放心地住下来吧。别把自己当客人。"又半开玩笑[29]地对她说："别怕，我不收你的房租。还需要什么，或者有什么要求，跟我说。"

29. 开玩笑 kāi wánxiào: make jokes

　　姑娘说："你这里很不错,住着很方便、很舒服。谢谢你让我住在这里。不过,请你一定不要把我住在这儿的事告诉任何人。让那个有钱[8]人知道就糟糕了!"

　　王生忙说:"没问题!你放心,这事我对任何人也不会说半句的。"

　　从这以后,这姑娘就住在这里,和王生一起生活了。

　　王生非常高兴,他把这姑娘送给他的画儿挂在读书[11]那个房间的墙[25]上,在他原来那些画儿的中间。每天进来,他都要先看看这张画儿。

　　这个姑娘对王生很好。她很会做
饭，每天给王生做好吃的。王生喜欢
吃鱼和饺子，她就常常做鱼、包饺
子。她把房子收拾²⁰得又干净又舒
服。让王生想不到的是，这个女孩还
读过不少书，懂得很多东西。有些历
史上的事情，她比王生知道的还多。
她还会唱歌跳舞，写字画画儿也会，
特别是画画儿，她画得非常好，王生
画的比她差多了。

　　王生特别愿意跟她说话，喜欢跟
她聊天儿。王生觉得，听这姑娘说
话，比什么都快乐。姑娘也常陪王生
一块儿读书¹¹。王生画画儿的时候，她
有时候也过来帮助一下，教一教王
生。没多久，王生的画儿就有了很大
进步。这样，王生就更高兴了。有的
时候，王生到附近的饭馆买点儿饭菜
和酒，拿回来跟姑娘喝酒聊天儿。有
的时候俩人还比赛写字画画儿，高兴
了就唱歌跳舞。他觉得这样的生活太
有意思、太愉快了。这一切一直都没
有人知道。和这个姑娘在一起，王生
不再往外边乱跑，也不出去找朋友玩

儿了。

　　有一天，姑娘对王生说："将来[10]咱们生几个孩子，有儿子有女儿，就这样永远[23]生活在一起吧。"王生高兴极了。有这么漂亮、会做事，又有文化的女人陪着自己、照顾自己，王生心[13]里有说不出来的美，他快要把自己家的父母、老婆[27]都忘了。

Want to check your understanding of this part?
Go to the questions on page 70.

5. 老婆[27]觉得这姑娘不简单

这个姑娘一直都不出门，王生也没有对任何人讲过。王生回家看父母和老婆[27]的时候，只告诉家里人他在努力学习，每天都很忙。他每次回家都只坐很短的时间，坐一会儿就回到姑娘这边来。他老婆[27]说要来帮他收拾[20]房子，他都说"不用"。

家里人见他健康快乐，以为他现在已经是个大人了，每天都在认真学习，准备将来[10]参加国家的考试，他的父母很高兴，对他也很放心。但是，王生的妻子[30]不放心。她想，丈夫[31]没有人照顾，没有人帮助他做饭、收拾[20]房间，生活怎么能没有问题？过了一段[32]时间，她越想越不放心，就自己来到了丈夫[31]读书[11]的房子，她要看看丈夫[31]一个人是怎么生活的。

30. 妻子 qīzi: wife
31. 丈夫 zhàngfu: husband
32. 段 duàn: duration of time

　　王生正在房间里念书，看到老婆[27]来了，没办法不告诉她了，他只好说了跟这个姑娘住在一起的事。他老婆[27]姓陈，没有名字，别人叫她陈氏。陈氏听到丈夫[31]有了别的女人，就哭了。可是，在那个时候，家里的事都是男人决定，男人有了大老婆[21]，还可以找小老婆[19]，有钱[8]人家[18]的男人常常都是这样。除了哭一哭，陈氏也没有办法，丈夫[31]要怎么做，也只能让他去做。

　　陈氏虽然很不高兴，但是她还是想知道和丈夫住在一起的这个姑娘是个什么样[2]的人，她怕丈夫[31]找了一个坏女人。王生把这个姑娘的情况、是怎么来的等等，都告诉了陈氏。陈氏听了以后想，这个女人是有钱[8]人家里的小老婆[19]，她跑出来住在这里，要是让那个有钱[8]人知道了，一定会有大麻烦。陈氏觉得这个事情没那么简单，就对王生说："你想想，这个姑娘说她家里没有钱[8]，是她父母把她卖给别人做小老婆[19]的。那她为什么会读书[11]、写字、画画儿，而且还会唱

歌、跳舞？家里没钱的女孩子能念书吗？能学习画画儿、唱歌、跳舞吗？"

陈氏觉得这个女人一定有什么特别的情况没有告诉丈夫，她让王生快快把这个女人送走，不要给家里带来什么麻烦。可是，王生现在的心¹³里只想着这个姑娘多么漂亮，跟她在一起生活多么快乐，他哪里会听陈氏的话？

陈氏从小的时候就认识王生，和王生一起长大，两个人一起生活了好几年，一直过得很好。丈夫³¹有了别的女人，她心¹³里很不舒服。不希望别的女人把丈夫³¹的心¹³从自己这里带

走。特别是她想到，如果这个女人真
有问题，会给家里带来很大麻烦，那
就太糟糕了。所以，她决定，一定要
想办法让<u>王生</u>离开这个女人。

可是，所有的办法都没有用，<u>王
生</u>总是不离开那个女人。<u>陈氏</u>对丈夫[31]
一点儿办法也没有。这件事让<u>陈氏</u>非
常头疼。

Want to check your understanding of this part?
Go to the questions on page 71.

6. 有什么不对的地方吗?

又过了几个月，有一天上午，王生出去办事。他正在路上走着，前面走来一个道士[33]。道士[33]见到他，一下站住[34]了，眼睛变得大大的看着他。看着道士[33]的样子，王生很奇怪[35]，也停下来。道士[33]的眼睛一会儿也不离开王生，上上下下地看着他，道士的头从左到右地转动。王生的眼睛也跟着道士[33]的眼睛上下左右地转。看了一会儿，道士[33]摇着头说："糟糕啊！糟糕啊！"然后就停下来不说了。王生不清楚道士[33]是什么意思，开始紧张起来。

道士[33]又看了一会儿，才继续说："最近你周围有没有什么变化，有没有什么不对的地方？"王生回答说："都挺好的啊。""你发现什么和以前不

---

33. 道士 dàoshi: Taoist priest
34. 站住 zhànzhu: stop moving
35. 奇怪 qíguài: strange, weird

一样的事了吗？有没有跟以前不认识
的人在一起？"王生想了想，说："没
有啊。""不对。你的身体里有邪气³⁶，
里外上下都是邪气³⁶，怎么可能没有
呢？"王生又想了想，他问道士³³：
"怎么了，出了什么事？您觉得我有什
么问题吗？""你真的没发现自己有什
么不对的地方？你好好想想你这些日
子的生活，见到了什么特别的东西没
有，见到了奇怪³⁵的人没有。要好好

36. 邪气 xiéqì: evil emanations

想，不能马马虎虎啊！"道士³³又一次问他。"没有，真的没有！"王生还是不懂道士³³的意思。道士³³说："刚才我一见到你，就发现邪气³⁶已经进到你的身体里了，你可能是见到妖怪⁴了。再这样下去，你离死就不远了！"王生听了很想笑，自己好好的，很健康，每天生活得很愉快，能有什么问题？哪里有什么妖怪⁴？他不相信道士³³的话，也不再紧张了。他笑着说："别开玩笑²⁹了，怎么可能呢？"道士³³听他这么说，就不再看他，转过去，准备走了，走的时候留下一句话："真没办法，这世界上还真有人快要死了，自己还一点也不清楚。"道士³³摆了摆手，然后很不高兴地向东走去。

　　道士³³走后，王生一个人站在那儿，"我真有什么问题吗？"他问自己。他把自己最近的生活、做过的事情细细地想了一遍，还是没发现有什么不对的地方。就在他决定不再去想的时候，突然想起他带回来的那个姑娘，道士³³说的会不会是指这件事？但是又想：不，姑娘不会有问题！她那么漂亮那么可爱，和她生活在一起的时间也不短了，又不是最近才来，他是很了解她的。她能有什么问题？哪里会带来什么邪气³⁶呢！而且姑娘对自己非常好，她不是妖怪⁴，当然不是妖怪⁴！王生不相信道士³³的话。他认为，大概道士³³是借着说有妖怪⁴，想要几个钱吧。道士³³的话让王生很不愉快，他不相信，也不再去想，很快就把那些话忘了。

不久以后，有一天他在外边办事，事情还没办完，但到了中午天气很热，他决定停下来，先回家读书¹¹，或者跟姑娘画画儿，外边的事等天不热了再办。他回家的时候大门关着。他向里边叫："开门！我回来了。"可是没人来开门。他想，姑娘一直都不出去呀，怎么不来开门？他又叫了两次，姑娘还是没来开门。

王生读书¹¹的那个房子周围有墙²⁵，靠着墙²⁵有一棵¹⁴大树。不能从大门进去，王生只好先上树，再爬到墙²⁵上，又翻过墙²⁵，跳到里边。

　　<u>王生</u>走到房间前面，发现房间的
门也从里边关着。怎么了？一般情况
下，姑娘都在家，应该不会把门都关
上呀。这时候，他突然觉得和原来有
5　一些不同了，他开始紧张起来，慢慢
地、轻轻地走到窗户前，从窗户往里
看，一下子就看到了挂在墙²⁵上的那
个姑娘送给他的画儿。这一看，他的
眼睛和嘴一下子都大了起来，停在那
10　儿不动了……

Want to check your understanding of this part?
Go to the questions on page 71.

30

7. 这哪里是一张漂亮的脸呀？

墙[25]上的那张画，画里的女人，脸原来是转向旁边的，现在转到正前面来了。那张漂亮的脸，现在脸是空的……正对着王生这边……再看看房间的中间，桌子旁边站着一个妖怪[4]！那妖怪[4]身体的上半部分是黑的，下半部分是白的；脸是绿的，上面还长着白毛，红眼睛；牙齿[37]是黑黄的，很长很长，长到嘴的外边；从嘴里慢慢流出黑黄色的水。桌子上边放着一张黄白色的人皮[38]。那妖怪[4]手里拿着笔，正在人皮[38]上画来画去，画一会儿就拿起来，举到眼睛前面，一会儿远一会儿近地看着。看完又放回桌上，再用各种颜色的笔去画，然后再举起来看看。过了一会儿，妖怪[4]放下笔，用手在头上轻轻一打，转了转红眼睛，动了动身体，举起人皮[38]，像穿衣服

37. 牙齿 yáchǐ: teeth
38. 人皮 rénpí: human skin

一样把人皮³⁸穿在身体上。妖怪⁴一下变成了女人——他带回来的那个"漂亮可爱"的女人！

那女人没有注意王生就在窗户外边。她很快地把房间收拾²⁰了一遍，把东西都放在原来的地方。又从厨房把准备好的饭菜，还有做好的鱼和饺子全都拿出来，放在吃饭的圆桌子上，同时又加上一瓶酒，还拿来两个碗，也放在圆桌子上。她向周围看了看，把房间里边又检查了一遍，觉得一切都收拾²⁰好了，就坐在桌子旁边，打开一本书，翻到有画儿的地方。然后又拿起一个杯子，慢慢地喝起茶来，还一边吃着水果和蛋糕，像什么事也没有过一样，等着王生回来。

看到这些，王生的脸变白了，怕得说不出话来，只觉得眼睛前面一黑，两脚站不住，要倒下了。他怎么也没想到，妖怪[4]的脸会变成他的漂亮女人的脸，他的漂亮女人的脸原来是妖怪[4]的脸！想到每天都和自己在一起的漂亮女人是妖怪[4]，他怕极了。他觉得很冷，就像掉到冬天的风雪里，身体从头到脚、从里到外都冷，连心[13]都冷极了。他只想快点离开，离开这个他一直读书[11]、生活的房子。但是他的腿和脚好像不是自己的，他很难往前走，只好一点儿一点儿地往门外边爬。他爬得很轻很轻，他很怕，怕里边的妖怪[4]发现自己。这时候，他突然想起了道士[33]的话，懂得那话的意思了。

他好不容易才爬出门，慢慢地站起来。现在要做的事，就是要马上找到那个道士[33]。可是，上哪里去找呀？他急得要死，爬出房子以后，他

飞一样地跑着，他要快快地见到那个
道士³³，他知道，只有道士³³才能帮助
他。他在周围不停地找，河边、小山
上、城里、东南西北都找了，他找了
一个下午，最后才在城外边的青帝庙
附近找到了道士³³。

　　道士³³正在那里念着什么，见王生
急急地跑来，道士³³停下来，"我知道
你一定会来找我的。别急，慢慢说。"
王生苦着脸，非常不好意思地说："太
对不起了，我没相信你的话，结果妖
怪⁴……妖怪⁴就在我家，……我看见
了……，你……你帮帮我吧！我……
该怎么办啊？"王生话都说不清楚了。

　　道士³³说："这妖怪⁴很不容易，它⁵
好不容易才找到活⁷下去的办法，找到
它⁵喜欢的人，我也不想让它⁵死，只
要它⁵能离开你就行了。"说着，道士³³
把手里的拂尘³⁹给了王生，让王生回
家把拂尘³⁹挂到卧室的门上。他告诉
王生，那妖怪⁴见到拂尘³⁹就会离开
的。走的时候，道士³³约王生，明天
或者后天再来跟他见面，让王生把妖

---

39. 拂尘 fúchén: fly-whisk (an attribute of Daoist deity)

怪⁴见到拂尘³⁹的情况告诉他。还说,
以后如果需要的话,可以到青帝庙去
找他,每个月的一日和十五日他一定
会在那里。

Want to check your understanding of this part?
Go to the questions on page 71.

8. 王生的心[13]被她拿走了

　　王生怕极了，不敢[40]再住读书[11]的那个房子了，他回到了父母和老婆[27]陈氏那里。他照着道士说的把拂尘[39]挂在卧室的门上，不再出去，连晚上上厕所都不敢[40]出去。

　　那天夜里，大概十二点多，听到有人从大门外边进来，王生不敢[40]出去看。也不敢[40]点灯[41]，怕点了灯[41]妖怪[4]就会找到他。不过，虽然是夜里，月亮很圆很亮，外边的东西都能看得很清楚。借着月光，他从窗户上看见是那个女人！

　　那女人还是那么漂亮，样子还是那么可爱。她走到卧室的门前，刚要进门，看到挂在门上的拂尘[39]，马上站住[34]不动了。她看着那拂尘[39]，眼睛变成了红色，同时嘴里像在说着什么，但是听不清楚。她站了很长时间才离

40. 敢 gǎn: dare
41. 点灯 diǎn dēng: light a lamp

开。可是只过了一小会儿，她又回来了，站在门口，向房子里说："王生，好久不见了！你真的不欢迎我，不想见我，想让我离开吗？"

王生不敢[40]出来，也不敢[40]回答。她一遍又一遍地叫着王生的名字。王生想起那张漂亮的脸，想起和她在一起的日子，他忘不了那些日子，虽然心[13]里有点怕，他还是有点想出去，他希望妖怪[4]的事不是真的，可能自己的眼睛有什么问题，道士[33]说的话跟这个漂亮姑娘没有关系。

陈氏见他想出去，忙说："你不能出去，如果你再和她在一起，她会把你的血[6]全部都喝了，那你离死真的就不远了。"听了陈氏的话，王生又不敢[40]动了。

见王生不出来，女人又说："王生，咱们俩从前在一起过了那么多快乐的日子，你全都忘了吗？道士[33]说了我几句坏话，你就突然不想见我了，你怎么变得这么快？"说完轻轻地哭了起来。"是的，我是靠喝你的血[6]活[7]着，但是我是真的爱你。你不是也觉得，咱们俩在一起很有意思，非常

37

愉快吗？为了永远²³和你生活在一起，我会做一切努力，把你照顾好。我们还要生几个孩子，一直到老。别让我走，让我留下来吧，咱们还像从前那样生活。你让我进去吧，或者你出来见见我也行，好吗？"

现在王生真的明白⁴²了：他的漂亮姑娘真是个妖怪⁴！她靠喝自己的血⁶活⁷着！王生心¹³里乱极了。他很难相信，他那么喜欢的漂亮姑娘怎么能是妖怪⁴呢？但是他自己中午看见了那张人皮³⁸，这个女人自己现在也说了……

42. 明白 míngbai: understand

王生心¹³里又乱又怕，头很疼，什么事都想不清楚，不知道怎么样才好。他爬下床，一下坐在地上，两手两腿不停地抖⁴⁴，没办法停下来。陈氏走过来，站在他旁边，让他的头紧紧⁴³地靠在自己的身上。"我跟你在一起，你别怕！我和全家人都爱你，都不离开你。你别相信她的话。我们一起让妖怪⁴离开，不会再让妖怪⁴喝你的血⁶了。"

靠在陈氏的身上，王生觉得自己的身体不那么冷了，心¹³也慢慢地暖和起来。他想起自己跟陈氏从小时候²⁸起就认识，和她一起生活了那么多年，陈氏一直非常努力地照顾自己和家里人，有那么多快乐的日子。同时，他又想起读书¹¹的房间里那张长着白毛和红眼睛的绿脸，想起放在桌上的那张人皮³⁸。他觉得自己一下想清楚了，他告诉自己："那女人是妖怪⁴，一定要离开它⁵！"

陈氏帮助王生从地上站起来，躺到床上。王生紧紧⁴³地靠着陈氏，不再去听外边那女人说什么了。那女人

43. 紧紧 jǐnjǐn: tightly
44. 抖 dǒu: tremble

在门外边一直说，说了很多好话，可是王生不回答她，就像没听见[17]一样。

　　说了很久，女人也说累了，她知道，王生已经决定离开自己了。她的脸又变了颜色，用手指着门，好像指着王生的头，一个字一个字地说："王生，你不是个好人！我真是看错了你。你的心[13]怎么这么冷呀？"她大哭起来，然后看着门上挂着的拂尘[39]，眼睛变大，牙齿[37]都在抖[44]，她对着外边大叫："狗道士[33]，你坏了我的好事，你不让我和他在一起，没那么容易！世界上没那么便宜的事！听着，不让我有好日子，你们也别想过得舒服！我们昨天还好好的，他现在却[45]这

45. 却 què: but

样对我，他也不是好人！你一定要我离开他，我也不客气了。"说着，她从门上把拂尘³⁹取下来往墙上打，一下子就把拂尘³⁹打坏了。女人又向着门内大叫，"王生，走到哪儿我都要和你在一起，我得不到的，也不会留着给别人！我不能和你在一起，但是要把你的心带走！"说完，她用脚踢开门，跑进房间，跳上王生的床，只听王生大叫起来，一会儿就再也听不见什么了。还没等陈氏看清楚出了什么事，那女人已经打开王生的肚子，很快地从身体里拿出他的心¹³，然后飞一样地离开了。

这时候陈氏大叫起来，让家里的人快拿灯来，走近一看，王生已经死了，肚子被深深地打开，床上很乱，红红的一片。陈氏看了，脸全都白了，身体像是山倒了一样，一下子坐到了地上，眼睛前面全是黑的，双手双脚都不会动，连话也说不出来了。

Want to check your understanding of this part?
Go to the questions on page 72.

9. 就是那个老女人！

第二天，太阳还没出来，陈氏就让王生的弟弟二郎快去找道士[33]。二郎很快跑到青帝庙，把昨天晚上的情况告诉了他。道士[33]听了，脸马上变了颜色。他大叫着，"我原来不想打死这妖怪[4]，只是[46]想让它[5]看见拂尘[39]，知道不应该在这里，离开就行了。谁知道它[5]把王生看得这么重，为了王生，它[5]敢[40]不听我的，还敢[40]打坏我的拂尘[39]，真是个疯子[47]！它[5]不听我的，还留着它[5]做什么？我一定要好好收拾[20]它[5]！"

道士[33]手上提着一把木剑[48]，马上跟着二郎来到王生家。可是那妖怪[4]女人已经不知道去哪里了。道士[33]在王生家房子周围看了看，又到房间里找了一遍，然后说："还好，它[5]还没走

46. 只是 zhǐshì: merely, simply, only
47. 疯子 fēngzi: madman
48. 木剑 mùjiàn: wooden sword

远。"又问："南边那个房子是谁家？"
二郎说："是我住的地方。"道士[33]
说："那妖怪[4]现在就在你的房子里。"

　　二郎听了很紧张，眼睛和嘴都变
得大大的。他很奇怪[35]，妖怪[4]怎么会
跑到自己家？道士[33]问："你家今天早
上有没有不认识的人来过？"二郎说：
"我早上就去青帝庙找你，不知道家里
有没有人来过，我这就回去问问。"说
完，二郎就跑回家去。

　　二郎很快就回来了，他很紧张地
说："我家真的是有不认识的人来了。
早上来了一个老女人，她说，想在我
家打工。我老婆[27]说，我家现在不用
别人帮忙，让她走，但是怎么说她都
不走，现在她还在那里呢。"道士[33]
说："啊，这就对了，这个老女人就是
那妖怪[4]！"道士[33]马上去了二郎家。

　　到了二郎家，道士[33]举起手里的木
剑[48]，站在房子前面，大叫："妖怪[4]!出
来，快把我的拂尘[39]拿来还给我！"老
女人在房间里听到了道士[33]的话，脸
上的颜色马上大变，她忙向门口走
去，出了门就跑。道士[33]看见老女人

要跑，大叫着说："妖怪⁴!往哪里跑!"
他用木剑⁴⁸指着老女人的头，很快跟
了上去。木剑⁴⁸刚一碰⁴⁹到老女人的身
体，她马上倒到了地上。她身上的人
皮³⁸一下子脱了下来，老女人马上变
成了妖怪⁴的样子。妖怪⁴在地上一边

49. 碰 pèng: touch

爬，一边像狗一样地叫着。道士³³又用木剑⁴⁸打在妖怪⁴的头上，它⁵的身体马上变成了烟⁵⁰，在地上不停地动着。道士³³从包里拿出一个葫芦⁵¹，放在烟⁵⁰中间，还没等人们看清楚，烟⁵⁰马上就被装进了葫芦⁵¹。道士³³收起葫芦⁵¹，放到包里。

这时候，大家一起过来，看到了掉在地上的那张人皮³⁸，人皮³⁸上画了一些东西，眼睛、嘴、牙齿³⁷、手、脚什么的³全都有。看得人们都不敢⁴⁰说话，大家都怕极了。

道士³³把那张人皮³⁸拿起来，收好，装进自己的包里。然后和王家的人说"再见"，准备离开。陈氏跪⁵²在门口，她哭⁵³着请道士³³再来看看王生，一定要让王生活⁷过来。

道士³³说："我的水平就这么高了，没有办法让他活⁷过来。"陈氏哭⁵³着说，王生活⁷不过来，自己也不想活⁷了。她跪在门前的地上不起来，只想死。道士³³想了想，说："我是真的没

50. 烟 yān: smoke
51. 葫芦 húlu: calabash (bottle gourd)
52. 跪 guì: kneel
53. 哭 kū: cry

有办法了，不过，我可以给你介绍一个人，他很有经验，水平比我高，也许他能办到。"陈氏忙问是谁，道士[33]说："你到城里去，到人最多的地方，那里一定有个疯子[47]，你去试试，请他帮助你。不过，你一定记着，他有什么要求，你都要回答'行'。他让你做什么事，你都一定要去办，这样的话也许有希望。"

Want to check your understanding of this part?
Go to the questions on page 72.

10. 要他活⁷过来只有一个办法

　　二郎和道士³³说了"谢谢"和"再见"，马上就陪着陈氏来到城里。他们在城里找了很多地方，最后看到一个地方人非常多，在那里真的有一个疯子⁴⁷。那个疯子⁴⁷是个要饭⁵⁴的，穿的衣服很旧，衬衫裤子都破⁵⁵了，头发乱乱的，脸上一条儿黑，一块儿黄的，牙齿³⁷也很黄，手脚和全身上下都黑黑的，只有眼睛很干净、很清楚。那个疯子⁴⁷嘴里正唱着什么，可是没人听得懂。人们都在离他远远的地方看着他，谁也不愿意和他靠得近一点儿。陈氏走过去，跪⁵²下来，向他爬过去。

　　周围很多人看到陈氏对疯子⁴⁷跪⁵²着，觉得奇怪³⁵，都过来看。疯子⁴⁷看着陈氏，嘴里流着水，笑着说："啊，你来了。你爱我，对吗？咱们谈谈

54. 要饭 yào fàn: beg for food
55. 破 pò: shabby

吧。"<u>陈氏</u>真不愿意听疯子⁴⁷的话，但
是又不能让他看出来，她记着道士³³的
话。她像没听见¹⁶疯子⁴⁷刚才说的话，
她把妖怪⁴的事告诉他，请他帮助自己
的丈夫³¹，让他活⁷过来。疯子⁴⁷大笑
着说："世界上男人很多，人人都可以
做丈夫³¹呀，为什么要让他活⁷过来
啊？"<u>陈氏</u>说："我只爱<u>王生</u>一个人，
他要是活⁷不过来，我也不活⁷了。"<u>陈
氏</u>说完就哭⁵³了。

　　周围的人看着，心¹³里都很不舒
服。疯子⁴⁷大叫起来，"我是个要饭⁵⁴
的，今天连饭都吃不饱，明天后天还

不知道有没有饭吃，哪有办法让死的
人活[7]过来？"

　　陈氏哭[53]着说："你是远近有名的
大好人，是水平最高的先生，你一定
会有办法的，请你一定要帮我呀！"疯
子[47]非常不高兴，他让陈氏快快离
开，"你这个奇怪[35]的女人，你丈夫[31]
死了跟我有什么关系？我是要饭[54]
的，我怎么能帮助你？你再乱说话，
我就打你！"

　　但是，陈氏还是不走，还是跪[52]
在地上，一遍一遍地请他帮忙。

　　疯子[47]真的开始打她了，他在陈
氏身上又打又踢，一定要让她走。陈
氏记着道士[33]的话，心[13]里决定：不管[56]
疯子[47]怎么做她都不走，只要能让王
生活[7]过来，就让他踢、让他打吧。这
时候，看的人越来越多，陈氏和疯子[47]
被人们围[57]在中间，想出来也不可能
了。

　　过了一会儿，疯子[47]打累了、叫
累了，见陈氏还是不走，他心[13]想，
这个陈氏很不简单！这时候，他突然

56. 不管 bùguǎn: in spite of, despite
57. 围 wéi: surround

49

大笑起来。笑完了，他慢慢地说："王生是心¹³被拿走了，要活⁷过来只有一个办法……"陈氏觉得有了点希望，她忙问："什么办法？""就是把一个活⁷着的人的心¹³给他。可是谁能把自己的心¹³给他呢？把心¹³拿出来，自己也就死了啊！"看着陈氏的眼睛，疯子⁴⁷说。

陈氏马上说："拿我的心¹³！只要王生能活⁷过来，我什么事都愿意做！"

疯子⁴⁷又问她："你不怕疼、不怕死？你才不到二十岁，又这么漂亮，怎么能现在就死啊？""我不怕！请先生帮我！"

疯子[47]从裤子里取出一个旧包，打开，从里面拿出一小包东西，放到地上的一个脏碗里，又向碗里放了点水。那个碗太不干净了，碗里的东西是一种黑黑黄黄的颜色，让人看了很不舒服。他对陈氏说："这是换心[13]的药，喝了它[5]，就能把你的心[13]换给王生，他就能活[7]过来，可是你呢，就会死了。你真要喝吗？""我喝，我喝，只要王生能活[7]过来，我愿意马上就死！"

周围的人觉得，换心[13]是不可能的事呀！陈氏怎么能相信一个疯子[47]的话，是不是也变成疯子[47]了？也有人觉得陈氏不到二十岁，不该去死。他们急着向陈氏说："别相信疯子[47]！""别喝，别喝！"陈氏像什么也没听见[16]一样，接过疯子[47]手里的碗，一下子喝了下去。喝了以后，觉得嘴里好像有个像球一样的东西，一点儿一点儿地往下掉，最后停在自己心[13]跳的地方不动了。她的身体变得非常不舒服，有点站不住，慢慢地倒下，眼睛也慢慢变小。她把手放在自己心[13]的地方，

像是要去把心¹³拿出来。她很不舒服，说不出话来，觉得自己好像快要死了。可是，周围的人们看见陈氏那样，都笑了。

　　疯子⁴⁷靠近她，说："现在如果你不想死，我可以马上再给你喝一种药，喝了你就没事了。你有五分钟的时间，你再好好想想。过了五分钟，你不喝就一定死了。记住，你只有五分钟！"陈氏一下子坐起来，用力⁵⁸地说："不，一分钟也不用！拿去，快把我的心¹³拿去！"

　　五分钟过去了，可是她没有死。

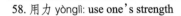

58. 用力 yònglì: use one's strength

这时，疯子⁴⁷大笑起来，指着陈氏对周围的人说："啊，这个漂亮的女人真的是很爱我呀！为了爱，让她做什么她都愿意，真是个好老婆²⁷啊！你们说对不对呀？"疯子⁴⁷说完，站起来，摆摆手，高兴地唱着别人听不懂的歌儿，往青帝庙那边走了。

陈氏见疯子⁴⁷走了，努力地爬起来，跟过去，她还想问问结果。可是那疯子⁴⁷走得很快，而且走得像风一样轻。只见他走到路口，往南一拐，就再也看不见了。二郎也跑过来，帮陈氏前前后后地找，可是哪里也找不到他。

是梦⁵⁹吗？

陈氏找不到疯子⁴⁷，只好跟着二郎回家，她心¹³里乱极了。想到王生死了，自己又在那么多人面前⁶⁰，让一个要饭⁵⁴的疯子⁴⁷又踢又打，最后疯子⁴⁷就那么走了，连去了哪儿都不知道，什么结果也没有，自己的脸往哪儿放啊？疯子⁴⁷跟自己开这么大的玩笑，她真想马上就和王生一样，也快快死去。

59. 梦 mèng: dream
60. 面前 miànqián: in face (front) of

回到家，陈氏来到王生的床旁边，床上乱乱的，王生还躺在那里，他的身上和床上都是血[6]，她想收拾[20]收拾[20]。家里的人站在旁边，都不敢[40]往前靠。她一边收拾[20]，一边大哭[53]，后来都哭[53]不出来了。

突然，她觉得自己肚子里有东西在动。啊，是那个像球一样的东西要往上跳！她还没注意，嘴里一下子就跳出来一个东西，没等她看清楚，那像球一样的东西就掉到王生打开的身体里。啊，原来是心[13]，是她的心[13]！红红的，热热的。那心[13]掉进王生身体里，在不停地跳着。她想起了疯子[47]

的话，看看自己的身体，然后又把手放在自己的心¹³的地方。自己的心¹³没有少，还在里边啊！陈氏虽然觉得奇怪³⁵，但是她没有多想，忙用手把王生身体的上半部分压⁶¹住。不管⁵⁶怎样，只要丈夫³¹能活⁷过来就好！她发现自己的手不能离开，要是把手拿开，王生身体里就有热热的、有颜色的水流出来。

　　她把旁边所有的衣服都拿过来，全都放到王生的身上，把他的身体的上半部分紧紧⁴³压⁶¹住。过了一段³²时间，王生的身体在一点一点地变暖和，慢慢得就不那么冷了。陈氏坐在床边继续看着，眼睛和手一会儿也不敢⁴⁰离开王生的身体。到了夜里，躺在床上的王生轻轻地、慢慢地动了一下。

　　"啊，他活⁷了！我的丈夫³¹活⁷过来了！"陈氏高兴得叫了起来。"王生！王生！"她叫着丈夫³¹的名字，可是王生不说话，她又急了。

5

10

15

20

Want to check your understanding of this part?
Go to the questions on page 72–73.

61. 压 yā: press

11. 这一觉睡得真舒服！

第二天早上，太阳快要出来的时候，王生的身体又动了几下，突然从床上坐了起来，他看着陈氏说："你已经起来了？啊——，这一觉睡得真舒服。"陈氏看着丈夫³¹活⁷了过来，高兴地哭⁵³起来。她有点不相信这是真的，对王生说："你真的回来了？"

王生不清楚陈氏为什么又哭[53]又笑，也不懂陈氏说的话。"出了什么事情？我哪儿也没去，只是[46]在睡觉呀。不过睡觉的时候做了一个梦[59]，一个奇怪[35]的梦[59]。"

5

Want to check your understanding of this part?
Go to the questions on page 72–73.

12. 这个心¹³应该给谁呢？

王生跟陈氏讲起他梦⁵⁹里的事情
——

他正躺着的时候，突然被什么东西打到了身上，身体一下子像是完全空了，不能动，也说不出话来。他看到自己的心¹³掉出来，有个人拿着他的心¹³往外跑。他后来看清楚了，那个人就是他带回来的漂亮女人。一会儿，又跑过来一个女人，站在那个拿着他的心¹³的女人前面，对她说："把心¹³给我！"他看见后来的人是陈氏。

"给你？哪有那么便宜的事！王生是我的一切，这心¹³是我的！谁不让我拿，我就不客气！"那女人的眼睛变得又红又大，看得见她的牙齿³⁷都在抖⁴⁴。

"我和王生从小时候²⁸就在一起，他的心¹³是我的，你别想带走！"陈氏一点儿也不怕。那女人拿着他的心¹³要

跑，<u>陈氏</u>不让她走，那女人一脚把<u>陈
氏</u>踢倒。<u>陈氏</u>一边用身体压⁶¹着女人的
腿，一边大叫，"快来人哪，快来帮我
呀！"那女人对<u>陈氏</u>又踢又打，然后
跑了。

这时候前面来了一个疯子⁴⁷，对着
那女人的头一指，女人突然就站住³⁴、
不能动了。

疯子⁴⁷问："为什么你们都想要那
个心¹³？"两个人都说自己最爱<u>王生</u>，
所以<u>王生</u>的心¹³应该给自己。

疯子⁴⁷说："怎么能看出来你们谁
更爱<u>王生</u>呢？这样吧，你们来比赛一
下，比比看，谁能拿第一，这个心¹³
就给谁。"

听了疯子⁴⁷的话，两个人都认为
行。她们就开始比赛。比赛有两场。

第一场比赛，疯子⁴⁷说："我来打
你们，打的时候，我要从"一"数到
"十"，谁要是数到"十"不叫疼，还
能笑出来，就算第一。"

疯子⁴⁷让那个女人先来。疯子⁴⁷开
始用手打她，嘴里数着："一，二，
三……"那女人笑着，没说疼。

"五……"，她开始苦笑⁶²。"六……"，她笑不出来了。等数到"八"的时候，她不再笑了，开始哭⁵³起来，后来又变成大哭⁵³。

疯子⁴⁷又开始打陈氏。

疯子⁴⁷数着，"一，二，三……"陈氏心¹³里想着王生，她不觉得疼。"……六，七，八……"越来越疼，到"八"的时候疼极了，但是，想到只要不叫，就能让王生的心¹³留给自己，虽然身体疼死了，她还是一直笑着。疯子⁴⁷数到"十"，她继续在笑！

疯子⁴⁷说："第一场比赛，陈氏拿了第一。不过，还得再比一场，每个人都有机会。"

第二场比赛开始了。疯子⁴⁷说："你们谁愿意把自己的心¹³拿出来换王生的心¹³？也就是说，你们谁不怕自己死，谁就是第一。"

那个女人一听这话，脸的颜色就变了，一下站起来，对疯子⁴⁷说："你真是个疯子⁴⁷！我死了，还要王生的心¹³做什么！"说完把身体转过去，看

62. 苦笑 kǔxiào: force a smile

都不看疯子⁴⁷了。

　　陈氏听了疯子⁴⁷的话,说:"王生是我的丈夫³¹,我从小就跟他在一起,我爱他,只要能换他回来,他能活⁷着,我死了也愿意!"

　　陈氏把手放在自己的心¹³那儿,没有多想,很快就把它⁵取了出来,那心¹³红红的、热热的,还在她的手里一下一下地跳……心¹³出了身体,拿在手上,陈氏觉得很不舒服,身体一点一点往下倒,好像就要死了一样。

　　疯子⁴⁷说:"你想好了吗?要是想好了,就把心¹³给我;要是没想好,就再想想。只要你一把心¹³放到我手里，你马上就会死。"陈氏听到了疯子⁴⁷的话，但是不太清楚，好像疯子⁴⁷是在很远很远的地方说的，她自己也快要说不出话来了，可她还是努力地说："快拿去吧。只要我爱的人不死……"

疯子⁴⁴接过陈氏的心¹³，笑了。他看看快要死了的陈氏，又看看那个脸变了颜色的女人，慢慢把陈氏的心¹³又放回到她的身体里。心¹³放回来以后，陈氏马上觉得舒服多了。

见陈氏好了，疯子⁴⁷对那个女人说："两场比赛都是陈氏第一。这不简单。可以看出来，陈氏更爱王生，你更爱你自己。你是先爱自己，后爱别人。你得不到别人的爱，就要让别人死。你对王生的爱，一点也比不上⁶³陈氏！王生的心¹³，当然是陈氏的了。"

然后，疯子⁴⁷就把王生的心¹³放到陈氏的手里。陈氏接过王生的心¹³，紧紧⁴³地拿着，哭⁵³了。疯子⁴⁷又对那

63. 比不上 bǐ bu shàng:　cannot compare with

女人说："虽然你也是真爱王生，但是你是妖怪[4]，人的世界对你不合适，你也没办法改了妖怪[4]的习惯。你要是真爱王生，真为王生好，你就走吧，走得远远的，永远[23]不要回来了。"

那女人脸变白了，看着陈氏手里王生的心[13]，也哭[53]了，然后她头也不回，飞一样地走了。

……

王生接着讲他的梦[59]。

王生看到疯子[47]向自己走来，对他说："你这个男人不是个好丈夫[31]。见到好看的女人，就忘了老婆[27]。你对不起陈氏！对不起你的父母家人[24]！妖怪[4]拿走你的心[13]，让你死，是你应该有的结果。陈氏为了你，愿意做一般人做不到的事，吃一般人吃不了的苦。如果不是看到陈氏那么爱你，我不会帮你、让你活[7]过来。回去吧。记着，你有一个世界上最好的老婆[27]。"

王生想要起来，可是他不能动，不能说话。他看见疯子[47]往他的肚子里放着什么，然后用手在上面画来画去，又从头到脚轻轻地打了一遍。过

63

了一会儿，他觉得身体不空了，变暖
和了，能动了……

　　"我正想和疯子⁴⁷说话，突然听到
有人叫我，"王生说，"回过头来，发
现我在床上，哪有什么疯子⁴⁷，是你
在旁边，看着我又是哭⁵³又是笑。你
说这个梦⁵⁹多奇怪³⁵呀！"

　　听王生说完了他的梦⁵⁹，陈氏好
像明白⁴²了什么。但她还是觉得很奇
怪³⁵，怎么自己经过的事，都在王生
的梦⁵⁹里了？她也想不清楚，那个疯
子⁴⁷是什么人。为什么他那么奇怪³⁵，
还能帮自己。不过，陈氏知道，那个
人一定不是疯子⁴⁷！

Want to check your understanding of this part?
Go to the questions on page 73.

13. 王生像变了一个人

　　过了好多日子，王生还总是在想："是真的吗？"他还是不太相信自己死过，后来又活[7]了。不过，他能觉得肚子有点疼，脱开衣服看的时候，发现肚子上真的有一块儿颜色是黑的，只是[46]已经快长好了。这时候，他相信梦[59]里的事可能是真的。

　　想到自己做的事情，王生很不好意思，他对陈氏说："对不起，我错了。"

　　陈氏说："没关系，一家人不用客气。都过去了，以后改了就好。"

　　过了一段[32]时间，王生的身体完全好了，陈氏陪王生去了青帝庙，他们打算[22]好好谢谢道士[33]和疯子[47]。可是在那里，他们怎么也找不到那两个人。后来他们又去了很多次，还是没见到，问青帝庙里的人，他们都说，从上次帮王生活[7]过来以后，就再也没有他们的消息了。

从那以后，王生像变了一个人。他除了自己努力读书[11]学习，还教陈氏读书[11]写字。陈氏学习进步很快，短短的半年，她的中文水平就有很大的提高。王生有空儿还帮着陈氏做家里的事情。他还画了一张很大的画儿，画的是陈氏，挂在家里的墙[25]上，常常看着……

Want to check your understanding of this part?
Go to the questions on page 73.

To check your vocabulary of this reader,
go to the questions on page 74.

To check your global understanding of this reader,
go to the questions on page 75–76.

生词索引
Vocabulary index

31	丈夫	zhàngfu	husband
32	段	duàn	duration of time
33	道士	dàoshì	Taoist priest
34	站住	zhànzhu	stop moving
35	奇怪	qíguài	strange, weird
36	邪气	xiéqì	evil emanations
37	牙齿	yáchǐ	teeth
38	人皮	rénpí	human skin
39	拂尘	fúchén	fly-whisk (an attribute of Daoist deity)
40	敢	gǎn	dare
41	点灯	diǎn dēng	light a lamp
42	明白	míngbai	understand
43	紧紧	jǐnjin	tightly
44	抖	dǒu	tremble
45	却	què	but
46	只是	zhǐshì	merely, simply, only
47	疯子	fēngzi	madman
48	木剑	mùjiàn	wooden sword
49	碰	pèng	touch
50	烟	yān	smoke
51	葫芦	húlu	calabash (bottle gourd)
52	跪	guì	kneel
53	哭	kū	cry
54	要饭	yào fàn	beg for food
55	破	pò	shabby
56	不管	bùguǎn	in spite of, despite
57	围	wéi	surround
58	用力	yònglì	use one's strength
59	梦	mèng	dream
60	面前	miànqián	in face (front) of
61	压	yā	press
62	苦笑	kǔxiào	force a smile
63	比不上	bǐ bu shàng	cannot compare with

1. 放假真好!

根据故事选择正确答案。Select the correct answer for each of the questions.

(1) 为什么王生不用去学校上学⁹? 因为

    a. 他身体不好　　　　　b. 他有自己的家庭老师

(2) 为什么王生有了一个假期? 因为

    a. 老师回家了　　　　　b. 他要参加国家的考试

2. 一张画儿掉在小河旁边

根据故事选择正确答案。Select the correct answer for each of the questions.

(1) 那张画儿上边画的是什么?

    a. 春天美丽的风景　　　b. 一个漂亮的姑娘

    c. 一只大黑狗

(2) 画的主人是谁?

    a. 一个姑娘　　　　　　b. 一位先生

(3) 为什么那个姑娘大叫? 因为

    a. 她掉到河里去了　　　b. 一只狗对着她叫

    c. 她看见一个坏人

(4) 那张画儿到了谁的手上?

    a. 那个姑娘　　　　　　b. 王生

    c. 王生的父亲

3. **漂亮的姑娘要去哪儿?**

根据故事选择正确答案。Select the correct answer for each of the questions.

(1) 漂亮姑娘从哪儿来?

　　a. 父母家　　　　b. 朋友家　　　　c. 丈夫[31]家

(2) 漂亮姑娘要到哪儿去?

　　a. 父母家　　　　b. 丈夫[31]家　　　c. 她不知道

(3) 漂亮姑娘为什么离开原来的地方?

　　a. 她想给父母赚钱

　　b. 她在那个地方的生活很辛苦

　　c. 她想找一个男朋友

(4) 最后,漂亮姑娘打算[22]去哪儿?

　　a. 父母家　　　　b. 姐姐家　　　　c. 王生的家

4. **王生快乐得忘了家人[24]**

根据故事选择正确答案。Select the correct answer for each of the questions.

(1) 王生结婚了没有?

　　a. 结婚了　　　　b. 没有

(2) 为什么王生的家里人不知道那个姑娘和王生住在一起? 因为

　　a. 王生让那个姑娘住在自己读书[11]的房子里

　　b. 王生让那个姑娘住在自己的朋友家

(3) 那个姑娘有什么打算[22]?

　　a. 和王生生活一段[32]时间后去找她父母

　　b. 和王生永远[23]生活在一起

　　c. 她不知道

5. 老婆[27]觉得这姑娘不简单

下面的说法哪个对,哪个错? Mark the correct ones with "T" and incorrect ones with "F".

(1) 王生的弟弟是王生家里第一个发现王生和这姑娘住在一起的人。 （ ）

(2) 王生的老婆[27]知道这姑娘的事情后很不高兴。 （ ）

(3) 王生的老婆[27]让王生和这姑娘结婚。 （ ）

6. 有什么不对的地方吗?

下面的说法哪个对,哪个错? Mark the correct ones with "T" and incorrect ones with "F".

(1) 王生在路上看见了一个妖怪[4]。 （ ）

(2) 道士[33]告诉王生他的身体里有邪气[36]。 （ ）

(3) 王生不相信道士[33]告诉他的话。 （ ）

7. 这哪里是一张漂亮的脸呀?

根据故事选择正确答案。 Select the correct answer for each of the questions.

(1) 王生看见谁站在房间中间?

　　a. 一个妖怪[4]　　　b. 陈氏　　　　　　　　c. 他弟弟

(2) 那个姑娘知道王生回来了吗?

　　a. 知道　　　　　b. 不知道

(3) 王生从家里跑出去找谁?

　　a. 陈氏　　　　　b. 道士[33]　　　　　　　　c. 他弟弟

(4) 道士[33]让王生做什么?

　　a. 打妖怪[4]　　　b. 把拂尘[39]挂在卧室门上　　c. 吃一种药

8. 王生的心¹³被她拿走了

下面的说法哪个对，哪个错？ Mark the correct ones with "T" and incorrect ones with "F".

(1) 王生搬回去和家人住在一起了。　　　　( )

(2) 王生的家人²⁴都在房间里陪着王生。　　( )

(3) 王生怕极了，一直待在房间里。　　　　( )

(4) 妖怪⁴把王生带走了。　　　　　　　　( )

9. 就是那个老女人！

根据故事选择正确答案。 Select the correct answer for each of the questions.

(1) 妖怪⁴去了哪里？

　　a. 王生读书¹¹的房子　b. 王生家　　　　c. 王生弟弟家

(2) 妖怪⁴变成了什么？

　　a. 一个漂亮姑娘　　b. 一个老女人　　c. 二郎的老婆²⁷

(3) 道士³³用什么把妖怪⁴打倒在地上？

　　a. 拂尘³⁹　　　　　b. 木剑⁴⁸　　　　c. 葫芦⁵¹

(4) 道士³³让陈氏去找谁救活⁷王生？

　　a. 青帝　　　　　　b. 一个疯子⁴⁷　　c. 二郎

10. 要他活⁷过来只有一个办法

11. 这一觉睡得真舒服！

根据故事选择正确答案。 Select the correct answer for each of the questions.

(1) 疯子⁴⁷为什么打陈氏？ 因为

　　a. 陈氏不离开　　b. 陈氏不给他饭吃　　c. 陈氏骂他

72

(2) 什么办法可以让王生活过来？

    a. 把妖怪[4]的心[13]给他

    b. 给他喝一种药

    c. 把一个活[7]人的心[13]给他

(3) 王生活[7]过来了吗？

    a. 活[7]过来了　　　　b. 没活[7]过来

(4) 陈氏死了吗？

    a. 死了　　　　b. 没死

12. 这个心[13]应该给谁呢？

13. 王生像变了一个人

根据故事选择正确答案。Select the correct answer for each of the questions.

(1) 为了看出谁更爱王生，那个女人和陈氏进行了几场比赛？

    a. 一场　　　b. 两场

(2) 谁赢了第一场比赛？

    a. 那个女人　　b. 陈氏

(3) 谁赢了第二场比赛？

    a. 那个女人　　b. 陈氏

(4) 输掉比赛的人做了什么？

    a. 离开　　　　b. 做王生的小老婆[19]

(5) 谁更爱王生？

    a. 那个女人　　b. 陈氏

词汇练习 Vocabulary exercises

选词填空 Fill in each blank with the most appropriate word.

a. 要求　　b. 合适　　c. 愉快　　d. 糟糕　　e. 照顾

(1) 王生想要_____那个漂亮姑娘。

(2) 王生看着这么美的风景,心[13]里很_____。

(3) 春天不冷也不热,气温正_____。

(4) 王生的老师对王生的_____很高。

(5) 这么好的画儿,要是被风吹到河里就_____了!

a. 挂　　b. 周围　　c. 收拾[20]　　d. 放心　　e. 麻烦

(1) 王生的老婆[27]有时候过来帮他_____房间。

(2) 墙[25]上_____着几张画。

(3) 陈氏害怕那个姑娘会带来_____。

(4) 漂亮姑娘朝_____看了看。

(5) 王生的父母对王生很_____。

a. 继续　　b. 相信　　c. 情况　　d. 习惯　　e. 变

(1) 王生很难_____那个姑娘是一个妖怪[4]。

(2) 二郎跑到青帝庙,把昨天的_____告诉了那个道士[33]。

(3) 道士[33]看了王生一会儿,才_____说话。

(4) 那个妖怪[4]没法改变自己的生活_____。

(5) 从那以后,王生像_____了一个人。

综合理解 Global understanding

根据整篇故事选择正确的答案。 Select the correct answer for each of the gapped sentences in the following passage.

王生是一个快乐的年轻人。他（a.喜欢读书[11]不喜欢玩 b.喜欢读书[11]也喜欢玩 c.不喜欢读书[11]也不喜欢玩）。

有一天，王生来到（a.河边 b.山上 c.大街上）。在那里，他发现一个白色的包。包里有（a.一幅画 b.一件衣服 c.一本书）。后来，一个姑娘来找这个包。这个姑娘很漂亮，王生喜欢上了她。姑娘告诉他，她是从（a.丈夫[31]家 b.父母家 c.朋友家）跑出来的，因为她在那儿的生活很（a.辛苦 b.舒服）。但是，她还不知道自己要去哪儿。王生就请这个姑娘和他一起住，姑娘同意了。

王生和这个姑娘生活得很快乐。可是，他的（a.老婆[27] b.姐姐 c.母亲）陈氏知道了这件事，很（a.高兴 b.不高兴），她让王生（a.送走这个姑娘 b.和这个姑娘结婚 c.卖掉这个姑娘）。但是，王生不想这样做，她也没有办法。

后来，王生在街上碰[49]见一个（a.道士[33] b.疯子）。这个人告诉王生他的身边可能有一个（a.妖怪[4] b.漂亮姑娘），所以他的身上有邪气[36]。但是，王生一点都不相信道士说的话。不久以后，王生有一天回到家，发现家里（a.门都关着 b.没人），他翻过墙[25]进到房子里边，看到房间里有一个（a.妖怪[4] b.疯子）。不一会儿，那个人就变成了漂亮姑娘的样子。王生吓坏了，急着去找道士[33]。道士[33]送给他一个（a.拂尘[39] b.木剑[48] c.葫芦[51]），让他挂在门上。王生也搬回去跟家人住在一起。晚上，那个姑娘来找王生，让他出来见面。王生怕极了，（a.就出去了 b.一直待在房间里）。最后，那个姑娘带走了王生的（a.心[13] b.头），王生死了。王生的老婆和弟弟去找道士[33]，道士[33]杀死了妖怪[4]，但是救不了王生。

王生的死让他的老婆²⁷陈氏很难过,她想要救王生,就去找
(a.青帝　b.一个疯子⁴⁷)。那个疯子告诉她,要救活王生的唯一办法
是(a.喝一种药　b.把活着的人的心¹³给王生)。陈氏这样做了,可
那个疯子却走掉了。陈氏回到家,(a.她的心跳到了王生的身体里
b.给王生喝了药),王生活⁷过来了。

　　活⁷过来的王生,说他做了一个梦⁵⁹。梦见(a.那个姑娘　b.陈
氏)拿走了他的心¹³,而(a.那个姑娘　b.陈氏)跟在后面让她把心¹³
还回来。这时候,来了一个(a.道士³³　b.疯子⁴⁷),这个人让她们(a.
比赛　b.打架),谁赢了,就让谁带走王生的心¹³。最后,(a.那个姑
娘b.陈氏)赢了,王生也从梦⁵⁹中醒了。

　　经过这些事,王生觉得(a.那个姑娘　b.陈氏)才是最爱他的
人,最后他们俩人快乐地生活在一起。

练习答案

Answer key to the exercises

1. 放假真好!

   (1) b   (2) a

2. 一张画儿掉在小河旁边

   (1) b   (2) a   (3) b   (4) b

3. 漂亮的姑娘要去哪儿?

   (1) c   (2) c   (3) b   (4) c

4. 王生快乐得忘了家人[24]

   (1) a   (2) a   (3) b

5. 老婆[27]觉得这姑娘不简单

   (1) F   (2) T   (3) F

6. 有什么不对的地方吗?

   (1) F   (2) T   (3) T

7. 这哪里是一张漂亮的脸呀?

   (1) a   (2) b   (3) b   (4) b

8. 王生的心[13]被她拿走了

   (1) T   (2) F   (3) T   (4) F

9. 就是那个老女人!

   (1) c   (2) b   (3) b   (4) b

10. 要他活[7]过来只有一个办法

11. 这一觉睡得真舒服!

    (1) a   (2) c   (3) a   (4) b

12. 这个心¹³应该给谁呢?

12. 这个心[13]应该给谁呢?

13. 王生像变了一个人

   (1) b   (2) b   (3) b   (4) a   (5) b

词汇练习 Vocabulary exercises

 (1) e   (2) c   (3) b   (4) a   (5) d

 (1) c   (2) a   (3) e   (4) b   (5) d

 (1) b   (2) c   (3) a   (4) d   (5) e

综合理解 Global understanding

    王生是一个快乐的年轻人。他(b.喜欢读书[11]也喜欢玩)。

    有一天,王生来到(a.河边)。在那里,他发现一个白色的包。包里有(a.一幅画)。后来,一个姑娘来找这个包。这个姑娘很漂亮,王生喜欢上了她。姑娘告诉他,她是从(a.丈夫[31]家)跑出来的,因为她在那儿的生活很(a.辛苦)。但是,她还不知道自己要去哪儿。王生就请这个姑娘和他一起住,姑娘同意了。

    王生和这个姑娘生活得很快乐。可是,他的(a.老婆[27])陈氏知道了这件事,很(b.不高兴),她让王生(a.送走这个姑娘)。但是,王生不想这样做,她也没有办法。

    后来,王生在街上碰[49]见一个(a.道士[33])。这个人告诉王生他的身边可能有一个(a.妖怪[4]),所以他的身上有邪气[36]。但是,王生一点都不相信道士说的话。不久以后,王生有一天回到家,发现家里(a.门都关着),他翻过墙[25]进到房子里边,看到房间里有一个(a.妖怪[4])。不一会儿,那个人就变成了漂亮姑娘的样子。王生吓坏了,急着去找道士[33]。道士[33]送给他一个(a.拂尘[39]),让他挂在门上。王生也搬回去跟家人住在一起。晚上,那个姑娘来找王生,让他出来见面。王生怕极了，(b.一直待在房间里)。最后，那个姑娘带走了王生的(a.心[13])，王生死了。王生的老婆和弟弟去找道士[33]，道士[33]杀死了妖怪，但是救不了王生。

王生的死让他的老婆陈氏很难过，她想要救王生，就去找(b.一个疯子[47])。那个疯子告诉她，要救活王生的唯一办法是(b.把活[7]着的人的心[13]给王生)。陈氏这样做了，可那个疯子却[45]走掉了。陈氏回到家，(a.她的心跳到了王生的身体里)，王生活[7]过来了。

活[7]过来的王生，说他做了一个梦[59]。梦见(a.那个姑娘)拿走了他的心[13]，而(b.陈氏)跟在后面让她把心[13]还回来。这时候，来了一个(b.疯子[47])，这个人让她们(a.比赛)，谁赢了，就让谁带走王生的心[13]。最后，(b.陈氏)赢了，王生也从梦[59]中醒了。

经过这些事，王生觉得(b.陈氏)才是最爱他的人，最后他们俩人快乐地生活在一起。

为所有中文学习者(包括华裔子弟)编写的
第一套系列化、成规模、原创性的大型分级
轻松泛读丛书

《汉语风》(*Chinese Breeze*)分级系列读物简介

《汉语风》(*Chinese Breeze*)是一套大型中文分级泛读系列丛书。这套丛书以"学习者通过轻松、广泛的阅读提高语言的熟练程度,培养语感,增强对中文的兴趣和学习自信心"为基本理念,根据难度分为8个等级,每一级8—10册,共60余册,每册8,000至30,000字。丛书的读者对象为中文水平从初级(大致掌握300个常用词)一直到高级(掌握3,000—4,500个常用词)的大学生和中学生(包括修美国AP课程的学生),以及其他中文学习者。

《汉语风》分级读物在设计和创作上有以下九个主要特点:

一、等级完备,方便选择。精心设计的8个语言等级,能满足不同程度的中文学习者的需要,使他们都能找到适合自己语言水平的读物。8个等级的读物所使用的基本词汇数目如下:

第1级:300 基本词	第5级:1,500 基本词
第2级:500 基本词	第6级:2,100 基本词
第3级:750 基本词	第7级:3,000 基本词
第4级:1,100 基本词	第8级:4,500 基本词

为了选择适合自己的读物,读者可以先看看读物封底的故事介绍,如果能读懂大意,说明有能力读那本读物。如果读不懂,说明那本读物对你太难,应选择低一级的。读懂故事介绍以后,再看一下书后的生词总表,如果大部分生词都认识,说明那本读物对你太容易,应试着阅读更高一级的读物。

二、题材广泛,随意选读。丛书的内容和话题是青少年学生所喜欢的侦探历险、情感恋爱、社会风情、传记写实、科幻恐怖、神话传说等等。学习者可以根据自己的兴趣爱好进行选择,享受阅读的乐趣。

三、词汇实用,反复重现。各等级读物所选用的基础词语是该等级的学习者在中文交际中最需要最常用的。为研制《汉语风》各等级的基础词表,《汉语风》工程首先建立了两个语料库:一个是大规模的当代中文书面

语和口语语料库,一个是以世界上不同地区有代表性的40余套中文教材为基础的教材语言库。然后根据不同的交际语域和使用语体对语料样本进行分层标注,再根据语言学习的基本阶程对语料样本分别进行分层统计和综合统计,最后得出符合不同学习阶程需要的不同的词汇使用度表,以此作为《汉语风》等级词表的基础。此外,《汉语风》等级词表还参考了美国、英国和中国内地、台湾、香港等所建的10余个当代中文语料库的词语统计结果。以全新的理念和方法研制的《汉语风》分级基础词表,力求既具有较高的交际实用性,也能与学生所用的教材保持高度的相关性。此外,《汉语风》的各级基础词语在读物中都通过不同的语境反复出现,以巩固记忆,促进语言的学习。

四、易读易懂,生词率低。《汉语风》严格控制读物的词汇分布、语法难度、情节开展和文化负荷,使读物易读易懂。在较初级的读物中,生词的密度严格控制在不构成理解障碍的1.5%到2%之间,而且每个生词(本级基础词语之外的词)在一本读物中初次出现的当页用脚注做出简明注释,并在以后每次出现时都用相同的索引序号进行通篇索引,篇末还附有生词总索引,以方便学生查找,帮助理解。

五、作家原创,情节有趣。《汉语风》的故事以原创作品为主,多数读物由专业作家为本套丛书专门创作。各篇读物力求故事新颖有趣,情节符合中文学习者的阅读兴趣。丛书中也包括少量改写的作品,改写也由专业作家进行,改写的原作一般都特点鲜明、故事性强,通过改写降低语言难度,使之适合该等级读者阅读。

六、语言自然,地道有味。读物以真实自然的语言写作,不仅避免了一般中文教材语言的枯燥和"教师腔",还力求鲜活地道。

七、插图丰富,版式清新。读物在文本中配有丰富的、与情节内容自然融合的插图,既帮助理解,也刺激阅读。读物的版式设计清新大方,富有情趣。

八、练习形式多样,附有习题答案。读物设计了不同形式的练习以促进学习者对读物的多层次理解;所有习题都在书后附有答案,以方便查对,利于学习。

九、配有录音光盘,两种语速选择。各册读物所附光盘上的故事录音(MP3格式),有正常语速和慢速两个语速选择,学习者可以通过听的方式轻松学习、享受听故事的愉悦。

ABOUT *Hànyǔ Fēng* (*Chinese Breeze*)

Hànyǔ Fēng (*Chinese Breeze*) is a large and innovative Chinese graded reader series which offers over 60 titles of enjoyable stories at eight language levels. It is designed for college and secondary school Chinese language learners from beginning to advanced levels (including AP Chinese students), offering them a new opportunity to read for pleasure and simultaneously developing real fluency, building confidence, and increasing motivation for Chinese learning. *Hànyǔ Fēng* has the following main features:

☆ Eight carefully graded levels increasing from 8,000 to 30,000 characters in length to suit the reading competence of first through fourth-year Chinese students:

Level 1: 300 base words	Level 5: 1,500 base words
Level 2: 500 base words	Level 6: 2,100 base words
Level 3: 750 base words	Level 7: 3,000 base words
Level 4: 1,100 base words	Level 8: 4,500 base words

To check if a reader is at one's reading level, a learner can first try to read the introduction of the story on the back cover. If the introduction is comprehensible, the leaner will be able to understand the story. Otherwise the learner should start from a lower level reader. To check whether a reader is too easy, the learner can skim the Vocabulary (new words) Index at the end of the text. If most of the words on the new word list are familiar to the learner, then she/ he should try a higher level reader.

☆ Wide choice of topics, including detective, adventure, romance, fantasy, science fiction, society, biography, mythology, horror, etc. to meet the diverse interests of both adult and young adult learners.

☆ Careful selection of the most useful vocabulary for real life communication in modern standard Chinese. The base vocabulary used for writing each level was generated from sophisticated computational analyses of very large written and spoken Chinese corpora as well as a language databank of over 40 commonly used or representative Chinese textbooks in different countries.

☆ Controlled distribution of vocabulary and grammar as well as the deployment of story plots and cultural references for easy reading and efficient learning, and highly recycled base words in various contexts at each level to maximize language development.

☆ Easy to understand, low new word density, and convenient new word glosses and indexes. In lower level readers, new word density is strictly limited to 1.5% to 2%. All new words are conveniently glossed with footnotes upon first appearance and also fully indexed throughout the texts as well as at the end of the text.

☆ Mostly original stories providing fresh and exciting material for Chinese learners (and even native Chinese speakers).

☆ Authentic and engaging language crafted by professional writers teamed with pedagogical experts.

☆ Fully illustrated texts with appealing layouts that facilitate understanding and increase enjoyment.

☆ Including a variety of activities to stimulate students' interaction with the text and answer keys to help check for detailed and global understanding.

☆ Audio CDs in MP3 format with two speed choices (normal and slow) accompanying each title for convenient auditory learning.

《汉语风》系列读物其他分册
Other *Chinese Breeze* titles

《汉语风》全套共8级60余册,自2007年11月起由北京大学出版社陆续出版。下面是已经出版或近期即将出版的各册书目。请访问北京大学出版社网站(www.pup.cn)关注最新的出版动态。

Hànyǔ Fēng (*Chinese Breeze*) series consists of over 60 titles at eight language levels. They have been published in succession since November 2007 by Peking University Press. For most recently released titles, please visit the Peking University Press website at www.pup.cn.

第1级:300词级
Level 1:300 Word Level

错,错,错!
Wrong, Wrong, Wrong!

两个想上天的孩子
Two Children Seeking the Joy Bridge

我一定要找到她……
I Really Want to Find Her...

我可以请你跳舞吗?
Can I Dance with You?

向左向右
Left and Right: The Conjoined Brothers

你最喜欢谁?
——中关村故事之一
Whom Do You Like More?
The First Story from Zhongguancun

第三只眼睛
The Third Eye

在两个月中，飞机上已经有五个人放在包里的钱没有了！这是谁干的呢？是一个人还不同的人干的？警察(jǐngchá, police)很着急，想了很多办法，可是都没找到做坏事的人。有一天，他把那五次坐飞机的人的名字都找来，放在一起一个一个地看，看了一遍又一遍，突然，他的眼睛一亮，停在了一张纸的中间⋯⋯

几天以后，警察跟在一个人的后边，坐进了一个飞往北京的飞机。

In just two months, five customers had large amounts of money stolen while in flight! Such cases became a headache for the cops. Harried and frustrated for a while, they found a clue while screening the names and ID numbers of all the customers. One day, when the thief showed up again on the airplane, a cop quietly followed. The cop sat there nonchalantly with his "third eye" watching and waiting for the fish to bite.

留在中国的月亮石雕
The Abandoned Moon Sculpture

看着从北京寄来的信，还有那张画着两个月亮的地图，白春水高兴得连手和脚都动了起来，像要跳舞一样。他拿起电话，很快打起了爷爷家的号码："爷爷！爷爷！中国的那个月亮城有消息了！你思念了几十年的宝贝，现在可以去找回来了⋯⋯"

他马上买了机票，飞到北京，又从北京飞到中国南方的一个城市，再坐半天火车和一天的汽车，进了一个大山，终于来到了月亮城。可是，眼前的月亮城怎么是这样？完全不像爷爷要找的那个月亮城啊⋯⋯

Upon reading the letter from Beijing, and the accompanying map marked by two moons, Bai Chunshui couldn't help but dance with joy. He quickly picked up the phone and dialed his grandfather:

"Grandpa, grandpa! The Moon City has been found! Now we can go to China to find the sculpture, the treasure you've been missing for decades!"

Chunshui hastily purchased an airticket. He flew first to Beijing, then from Beijing to a small city in southern China. He rode a train for six hours, and then a bus for a full day before finally arriving at the Moon City. But, how could the Moon City look like this? This definitely wasn't the place Grandpa wanted to find...